발간사

우리 전통과학은 사람과 자연을 생각하며
생명을 살리는 '살림의 과학' 입니다.

우리가 '과학' 이라고 말할 때, 흔히 '서양과학' 만을 일컫는 경우가 많습니다. 그러나 우리 선조들이 오랜 세월 동안 이루어 온 과학이 있으니, 서양과학과 구별하여 '전통과학' 이라 부릅니다.

우리 전통과학은 사람과 자연을 생각하며 생명을 살리는 '살림의 과학' 입니다. 이러한 정신은 전통 집에서도 잘 나타납니다.

맨 처음 우리 선조들은 땅을 파서 기둥을 세우고 마른 풀로 지붕을 덮어 움집을 만들었습니다. 점차 볕이 들고 바람이 잘 통하는 땅 위에 집을 짓고, 여름과 겨울을 보낼 수 있도록 시원한 마루와 따뜻한 온돌을 마련하였습니다. 넓은 마당을 집 안에 두어 타작과 같은 농사일을 할 수 있도록 하였습니다. 그리고 토기 만드는 기술을 응용하여 기와라는 반영구적인 지붕 재료를 발명하였습니다. 무거운 기와의 무게를 견딜 수 있도록 목재를 짜 맞추는 방법도 발전시켰습니다. 이와 같이 우리 집은 사람들의 생활과 기후에 알맞게 오랜 세월 발전되어 온 것입니다.

도서출판 보림은 우리 선조들의 과학 정신을 『전통과학 시리즈』에 담았습니다. 깊이 있는 내용을 철저한 고증을 거쳐 모두 그림으로 재현했습니다.

이 책은 우리 전통문화를 이해하고 선조들의 과학 정신을 이어나가는 데 밑거름이 될 것입니다.

전통과학시리즈

집짓기

강영환 글 홍성찬 그림

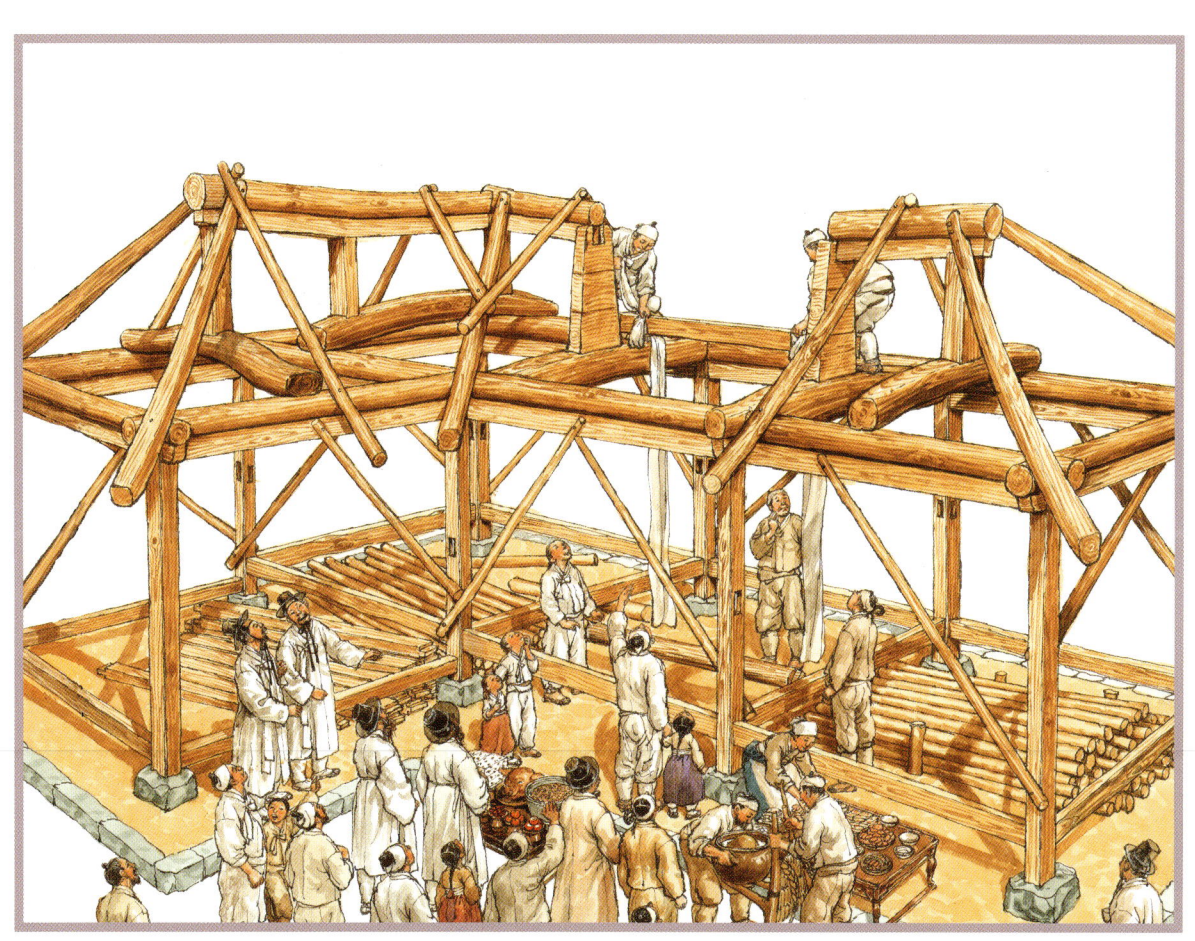

하림

글 | 강영환

서울대학교 건축학과 대학원에서 공학박사 학위를 받았습니다. 현재 울산대학교 건축학과 교수 겸 동 대학 한국건축연구소 소장으로 재직하면서
경상남도 문화재 전문위원 및 대한건축학회와 한국역사민속학회 회원 등으로 활동하고 있습니다. 주요 저서로는 《한국 주거문화의 역사 (기문당, 1991)》,
《집의 사회사 (웅진출판, 1992)》 등이 있습니다.

그림 | 홍성찬

월간지 〈희망〉에 일러스트를 발표하면서 활동을 시작하여 지금까지 수많은 책과 신문, 잡지에 그림을 그렸습니다. 1992년 어린이문화진흥회에서 제정한
제1회 어린이문화대상 미술 부분으로 대상을 받았으며, 1995년 대한출판문화협회에서 제정한 제17회 한국어린이도서상에서 일러스트 부문으로
문화체육부장관상을 받았습니다. 2012년 한스 크리스티안 안데르센상에 한국 대표 작가로 선정되었습니다. 《단군신화》, 《재미네골》, 《아리 공주와 꼬꼬 왕자》,
《선비 한생의 용궁 답사기》, 《할아버지의 시계》, 《토끼의 재판》을 비롯한 많은 어린이 책에 그림을 그렸습니다.

전통과학 02
집짓기 ⓒ 홍성찬, 보림 1996

글 강영환 · **그림** 홍성찬 · **초판 1쇄 발행** 1996년 2월 28일 · **초판 31쇄 발행** 2020년 8월 10일 · **펴낸이** 권종택 · **펴낸곳** (주)보림출판사 · **출판등록** 제406-2003-049호 · **홈페이지** www.borimpress.com
주소 10881 경기도 파주시 광인사길 88 (문발동) · **전화** 031-955-3456 · **팩스** 031-955-3500 · **ISBN** 978-89-433-0214-6 / **ISBN** 978-89-433-0212-2(세트)

⚠ 주의 책 모서리가 날카로우니 던지거나 떨어뜨리지 마세요. (사용연령 3세 이상)

집 짓기

눈이 들어오지 못하도록 짚으로 집 주위를 둘러싼 울릉도의 우데기 집

나무 널로 지붕을 만든 강원도 산간 지방의 너와집

바람을 막기 위해 집 주위에 돌담을 둘러 놓은 제주도의 돌담집

차례

집은 어떻게 발전하였나 6

땅속의 피난처 – 움집 8

땅 위의 집 – 초가집 10

기와집 12

생활 공간이 나뉘다 14

큰 집, 아름다운 집 16

집 짓기 18

터 닦기와 주춧돌 놓기 20

기둥 세우기 22

뼈대 만들기 24

기와 만들기 26

지붕 얹기 28

벽과 바닥 만들기 30

한옥 *32*

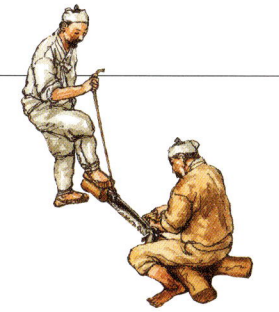

민가 *34*

민가의 살림채 *36*

민가의 부속채 *38*

사대부의 집 *40*

사랑채와 정원 *42*

여러 지방의 집 *44*

용어 풀이 *46*

찾아보기 *47*

집은 어떻게 발전하였나?

오랜 옛날부터 사람들은 심한 더위나 추위, 사나운 짐승들을 피할 수 있는 안전한 곳이 필요했다. 맨 처음에 원시인들은 바위틈이나 동굴 같은 곳에 몸을 숨기고 살았다. 그러나 한곳에 오래 머물러 살면서부터 보다 편리한 집을 짓게 되었다. 처음에는 땅을 파서 지붕을 덮은 움집과 같이 간단한 집을 지었으나, 나중에는 좀 더 살기 좋은 땅 위에 집을 짓게 되었다.

동굴에서 사는 사람들
원시인들은 위험한 자연환경으로부터 자신과 가족들을 보호하고 생활에 꼭 필요한 불을 잘 간직하기 위해 동굴에서 살았다.

땅속의 피난처 - 움집

농사를 짓기 시작하면서 사람들은 한곳에 머물러 살게 되었다. 봄에 씨를 뿌려 가을에 곡식을 거두려면 적어도 몇 달은 걸리기 때문이다. 사람들은 농경지 가까이에 작은 집을 짓고 살았다. 사람들이 맨 처음 지은 집은 땅속 집이다. 땅을 파서 자연적인 벽을 만들고 풀이나 짚으로 지붕을 엮어 덮었다. 이를 '움집'이라고 한다. 움집은 여름에 시원하고 겨울에 따뜻하며, 바람이 불어도 쉽게 무너지지 않는다.

움집의 구조
신석기 시대에 만들어진 움집이다. 평균 대여섯 명이 사용한다.

지붕 — 비나 눈을 막아 준다. 서까래를 걸고 그 위에 가는 막대기들을 발처럼 엮어 풀이나 짚단으로 덮는다.

끈 — 여러 개의 목재를 묶는 데 사용한다. 재료는 칡덩굴이나, 삼 껍질, 가죽 등이다.

▲ 칡덩굴
◀ 삼 껍질
▲ 가죽 끈

바닥 — 바닥을 불에 구워 단단하게 만들어 땅의 습기를 막는다.

벽 — 땅을 파서 생긴 벽이 바람을 막아 준다. 추운 지방에서는 높이 1m 정도, 따뜻한 지방에서는 50cm 정도이다.

화덕 — 음식을 익혀 먹거나 방을 따뜻하고 밝게 하는 데 쓴다.

갈돌 — 곡식의 껍질을 벗기거나 낟알을 가는 도구이다.

움집 마을

신석기 시대 사람들은 물을 쉽게 구할 수 있는 강가에 여러 채의 움집을 짓고 살았다. 마을 부근에 농경지를 만들고, 공동으로 농사를 짓고, 수확물을 함께 나누었다.

- **출입문**
주위의 땅보다 높게 만들어 빗물이 집으로 흘러들지 않도록 한다.

- **빗살무늬 토기**
먹다 남은 음식물을 잠시 저장하는 흙으로 만든 그릇이다. 화덕 옆에 구멍을 파고 묻는다.

- **계단**
땅속과 밖을 드나들기 편하도록 층계를 만든다.

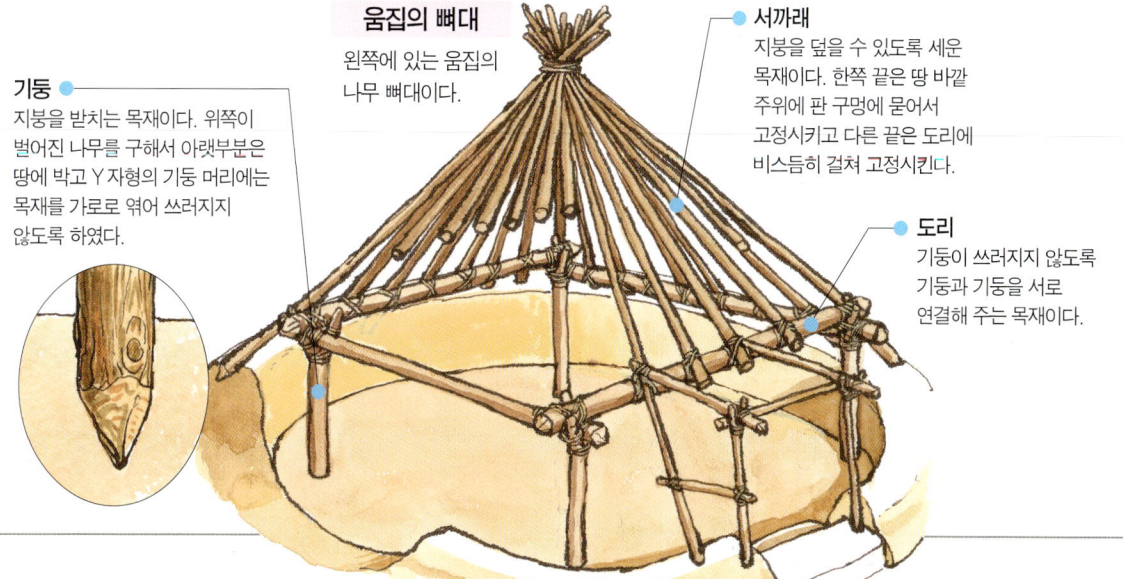

움집의 뼈대 — 왼쪽에 있는 움집의 나무 뼈대이다.

- **기둥**: 지붕을 받치는 목재이다. 위쪽이 벌어진 나무를 구해서 아랫부분은 땅에 박고 Y 자형의 기둥 머리에는 목재를 가로로 엮어 쓰러지지 않도록 하였다.

- **서까래**: 지붕을 덮을 수 있도록 세운 목재이다. 한쪽 끝은 땅 바깥 주위에 판 구멍에 묻어서 고정시키고 다른 끝은 도리에 비스듬히 걸쳐 고정시킨다.

- **도리**: 기둥이 쓰러지지 않도록 기둥과 기둥을 서로 연결해 주는 목재이다.

땅 위의 집 - 초가집

움집에 살던 사람들은 좀 더 아늑하고 편리한 집이 필요했다. 움집은 땅바닥에서 올라오는 습기 때문에 늘 축축했으며, 창이 없어 바람이 통하지 않고 볕이 들지 않았다. 밖으로 드나들기도 매우 불편하였다.

그래서 사람들은 땅 위에 집을 짓기 시작했다. 땅 위에 세운 집은 바람의 힘을 많이 받기 때문에 뼈대를 단단하게 만들어야 했다. 기둥을 수직으로 세우고, 기둥 머리에서 가로 세로 방향으로 목재를 튼튼히 엮어 사각형의 뼈대를 만든다. 그 위에 경사지게 지붕을 얹고, 기둥 사이는 흙을 발라 수직의 벽을 만들었다. 벽에는 창을 내고 문을 달았다.

땅 위에 지은 집은 햇볕과 바람이 잘 통하여 쾌적했으며 드나들기 편했다. 그리고 흙벽은 천천히 더워지고 천천히 식기 때문에 여름에 시원하고 겨울에 따뜻했다.

쾌적하고, 편리한 땅 위의 집

초기 땅 위의 집

옛 중국 기록에 보면 우리 조상들이 '여름에는 다락집에서 살고 겨울에는 움집에서 살았다'고 한다. 다락집은 여름의 더위와 습기를 피하기 위해 땅 위에 높이 만든 집으로 원시적인 땅 위의 집이다. 오늘날의 원두막과 비슷한 모양이었을 것이다.

햇볕이 듦
창으로 햇볕이 들어 방이 밝고 따뜻하다.

바람이 잘 통함
공기가 잘 통하여 냄새가 나거나 습기가 차지 않아 쾌적하다.

드나들기 편리함
집이 땅과 같은 높이에 있기 때문에 드나들기 편하다.

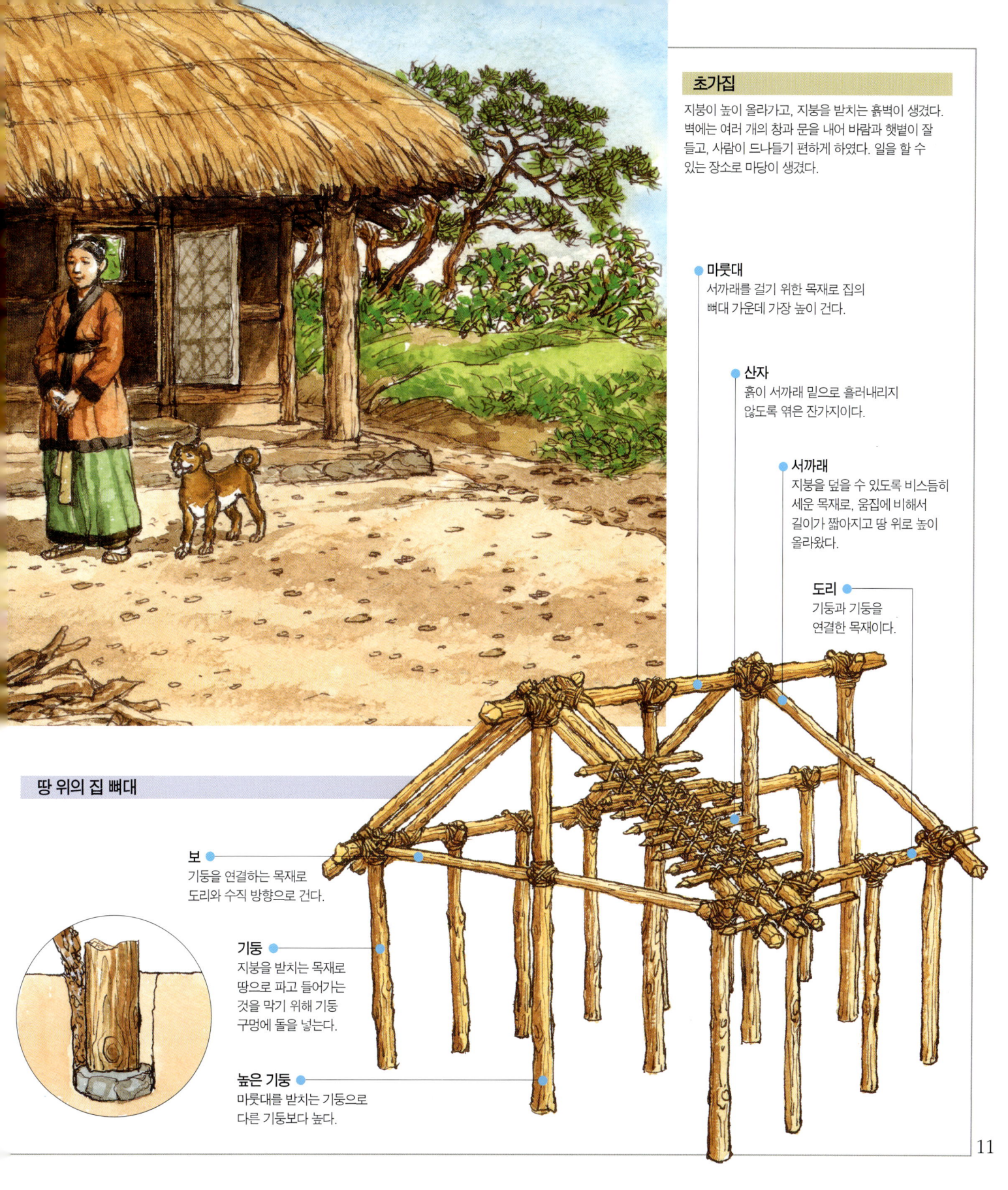

초가집
지붕이 높이 올라가고, 지붕을 받치는 흙벽이 생겼다. 벽에는 여러 개의 창과 문을 내어 바람과 햇볕이 잘 들고, 사람이 드나들기 편하게 하였다. 일을 할 수 있는 장소로 마당이 생겼다.

- **마룻대** 서까래를 걸기 위한 목재로 집의 뼈대 가운데 가장 높이 건다.
- **산자** 흙이 서까래 밑으로 흘러내리지 않도록 엮은 잔가지이다.
- **서까래** 지붕을 덮을 수 있도록 비스듬히 세운 목재로, 움집에 비해서 길이가 짧아지고 땅 위로 높이 올라왔다.
- **도리** 기둥과 기둥을 연결한 목재이다.

땅 위의 집 뼈대

- **보** 기둥을 연결하는 목재로 도리와 수직 방향으로 건다.
- **기둥** 지붕을 받치는 목재로 땅으로 파고 들어가는 것을 막기 위해 기둥 구멍에 돌을 넣는다.
- **높은 기둥** 마룻대를 받치는 기둥으로 다른 기둥보다 높다.

기와집

기와가 나오기 전까지 사람들은 풀이나 짚, 나무 껍질로 지붕을 덮었다. 이 재료들은 주위에서 쉽게 구할 수 있고, 가벼워서 뼈대에 큰 힘을 가하지 않기 때문이다. 그러나 비나 눈을 맞으면 잘 썩기 때문에 해마다 새로 갈아 주어야 하는 불편함이 있었다.

기와의 발명은 이런 불편을 덜어 주었다. 기와는 흙을 빚어 구워 만든 토기와 같은 것으로 썩거나 모양이 변하지 않는다. 기와를 얹어 만든 지붕은 오래가며, 깨진 조각이 있으면 그 부분만 바꾸면 되기 때문에 편리하였다.

그러나 기와지붕은 풀이나 짚으로 만든 지붕보다 훨씬 무거웠다. 그래서 기와의 발명과 함께 지붕의 무게를 지탱하는 기둥이나 뼈대를 만드는 기술이 발전하게 되었다.

▶ **기와를 얹은 큰 집**
주춧돌을 박고 그 위에 네모기둥을 세웠다. 지붕에 얹은 기와는 비나 눈이 지붕에 스미는 것을 막아 준다.

지붕의 뼈대

옆면에서 본 지붕의 모습이다.
도리의 갯수가 집의 크기에 비례한다.

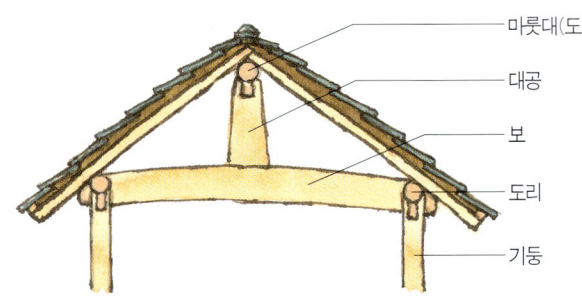

작은 집
하나의 보와 세 개의 도리로 지붕 틀을 짠다.
가장 간단한 삼각형 지붕 틀이다.

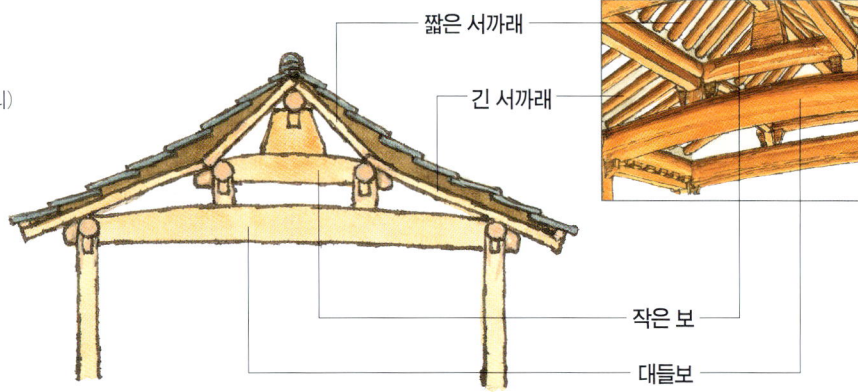

큰 집
두 개의 보와 다섯 개의 도리로 지붕 틀을 짠다. 기둥 간격을 넓게 잡을 수 있고, 서까래를 이중으로 걸 수 있기 때문에 크고 아름다운 집을 지을 때 쓴다. 옆 그림은 안쪽에서 본 모양이다.

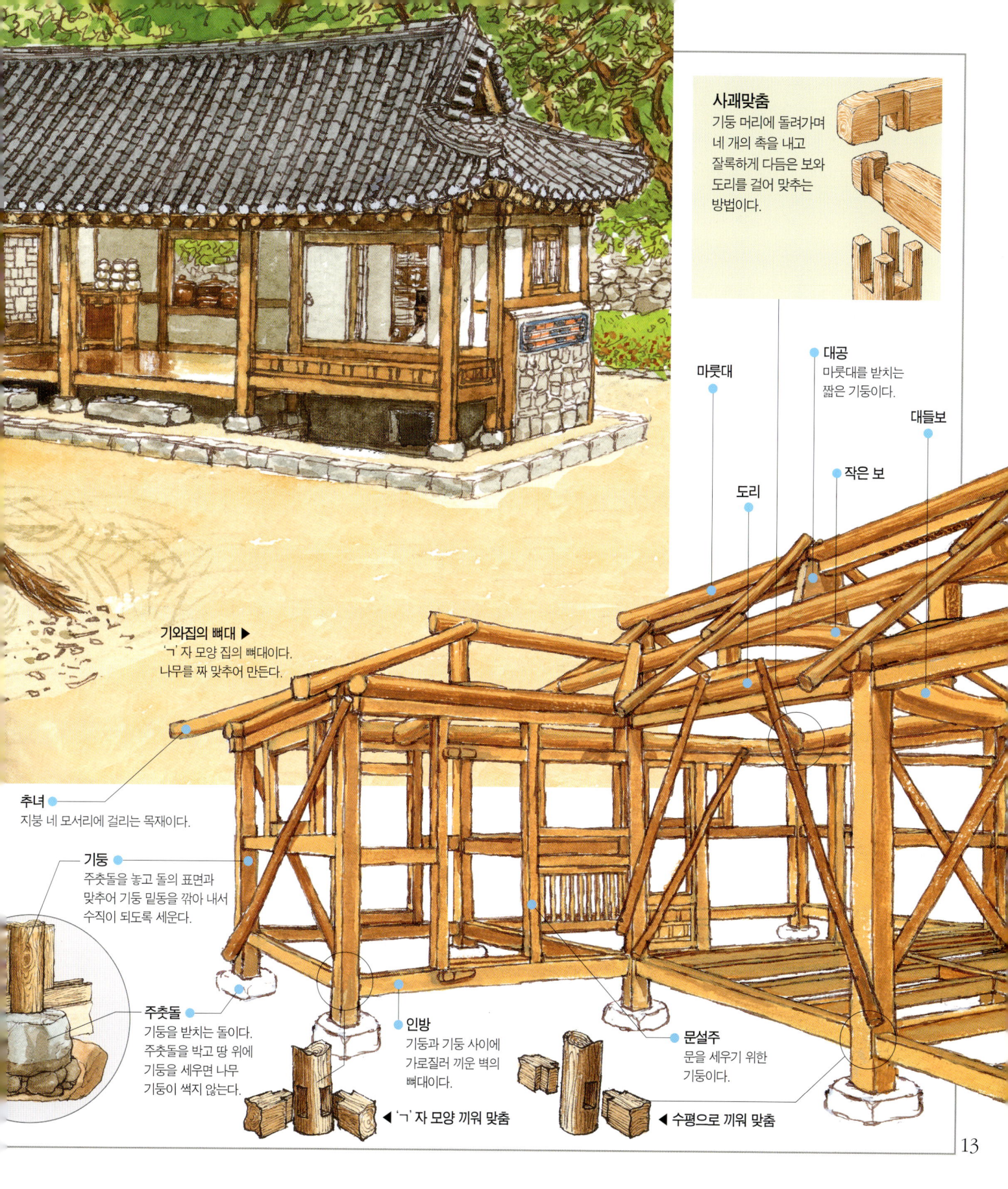

생활 공간이 나뉘다

집 안에서 하는 일이 점점 늘어나면서, 집 안의 공간이 쓰임새에 따라 여러 곳으로 나뉘었다. 음식을 만드는 곳, 잠자는 곳, 물건을 넣어 두는 곳, 가축을 기르는 곳 등으로 구분되었다. 고구려의 옛 무덤 벽화에는 부엌, 수레를 넣어 두는 차고, 마구간 등으로 나뉜 집이 보인다. 그러나 이러한 공간들은 한 건물 안에 있는 것이 아니라 각각 다른 건물이었다. 한 건물 안에 벽을 세워 방·마루·부엌 등으로 나누기 시작한 것은 고려 시대 이후이다. 이렇게 집 안의 공간이 쓰임에 따라 나뉘면서 사람들의 생활은 더욱 편리해졌다.

집의 구조

여러 가지 생활 공간을 뜰 중심으로 모아 놓은 북부 지방의 집이다. 쓰임에 따라 생활 공간이 나뉘어 있다.

건넌방
안방과 마주하는 방이다. 며느리가 주로 사용한다.

헛간
농기구나 잡동사니를 넣어 두는 창고이다.

사랑방
남자 주인이 생활하는 곳이다. 책을 읽거나 손님을 맞이한다.

대청마루
안방과 연결된 큰 마루로 집안 일을 하거나 제사를 지낸다. 여름철에는 시원한 대청마루에서 주로 생활한다.

쪽마루
마당에서 방으로 드나들기 쉽도록 붙여 놓은 마루이다.

사랑마루
사랑방 앞에 나 있는 마루이다. 더운 여름철에 손님을 맞이하거나 책을 읽는다.

외양간
소나 말을 기르는 곳이다. 상류 계층에서는 주로 말을 기르고 농사를 짓는 일반 사람들은 소를 기른다.

곳간
곡식을 보관하는 곳이다. 가을에 수확한 곡식은 다음 해 가을까지 이곳에 저장한다.

안방
집에서 가장 중심이 되는 방이다. 주인 부부가 잠을 자고, 안주인이 평상시에 생활하는 곳이다.

수챗구멍
외양간이나 부엌에서 나온 물을 버리거나 처마에서 떨어진 낙숫물이 내려가는 곳이다. 땅 밑으로 하수 장치가 되어 있다.

부엌
음식을 만들거나 방을 따뜻하게 하는 곳이다. 안방과 붙어 있다.

큰 집, 아름다운 집

집은 가족이 생활하는 공간일 뿐만 아니라 집주인의 부나 신분을 나타내는 역할도 한다. 그래서 사대부 집이나 궁궐과 같은 크고 아름다운 집이 등장했다.

집이 커지면 자연히 지붕과 몸체도 크고 무거워진다. 집의 뼈대도 전보다 튼튼해져야 한다. 이에 따라 배흘림기둥이나 민흘림기둥과 같이 아름다운 기둥 양식이 나타났으며 지붕을 떠받치기 위하여 목재를 복잡하게 짜 맞추는 기술도 발달하였다.

그리고 집을 아름답게 꾸미기 위해, 지붕에는 용머리 따위의 장식 기와를 얹고 처마를 길게 빼서 지붕 곡선을 아름답게 만들었다. 또한 나무와 꽃을 심어 정원을 가꾸고, 화려한 무늬의 문창살과 담으로 집을 꾸미기도 했다.

공포
지붕을 떠받치는 부분에 나무를 짜 올려 지붕 무게를 받게 한 구조물이다. 절이나 궁궐 등 큰 건물에 만든다. 공포는 단청으로 화려하게 꾸미기도 한다.

주심포 양식
기둥 머리에만 포를 짜 얹은 건축 양식이다. 우리나라의 목조 건물 중에서 가장 오래된 건물인 봉정사 극락전에서 볼 수 있다.

화려한 궁궐
기둥 위에 많은 공포를 짜 맞추어 지붕의 무게를 여러 곳으로 분산시켰다. 그림은 경복궁 안의 근정전으로 조선 시대 왕이 신하들을 불러 모아 아침 모임을 하던 곳이다.

죽담

흙을 이겨 사이 사이 넣으면서 일정하게 다듬은 돌을 줄맞춰 쌓은 담이다. 담 위에 얹은 기와는 지붕과 조화를 이루며, 위엄 있는 양반의 집임을 알려 준다.

기둥의 종류

둥근기둥
주로 사찰이나 궁궐과 같은 권위 있는 건축물에 쓴다.

◀ **배흘림기둥**
머리에서 기둥 높이의 1/3 지점에서 굵어지다가 차츰 가늘어진다.

◀ **원통형 기둥**
기둥 머리에서 밑동까지 지름이 똑같다.

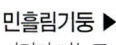

민흘림기둥 ▶
머리가 가늘고 밑동으로 갈수록 조금씩 굵어진다.

모기둥
모나게 깎은 기둥이다. 보통 집에서는 네모기둥이 가장 널리 쓰인다.

네모기둥　육모기둥　팔모기둥

다양한 지붕 모양

맞배지붕
건물 모서리에 추녀가 없고 지붕의 양 옆이 수직으로 잘린 삼각형의 모습이다.

우진각지붕
용마루의 양 끝에서 비스듬히 내려온다.

팔작지붕
지붕 위쪽은 맞배지붕의 모양이지만 중간에서 비스듬히 내려온다.

솟을지붕
팔작지붕이 여러 겹 겹친 모습의 지붕이다. 화려한 큰 대문에 쓴다.

집 짓기

집 한 채를 짓기 위해서는 많은 사람이 동원되고 여러 단계의 작업을 거치게 된다.
우선 살기 좋은 집터를 정하고 집의 크기와 모양, 건물을 앉힐 방향도 미리 정한다. 이 모든 것이 결정되면 공사를 시작한다. 맨 먼저 높은 곳을 깎고 낮은 곳은 메워 집터를 평평하게 고른다. 그리고 주춧돌을 박고 기둥을 세워 집의 뼈대를 만든다. 뼈대가 만들어지면 지붕 공사를 시작한다. 서까래를 걸고 흙을 덮어 가며 기와를 놓는다. 벽과 바닥을 만든 다음 창과 문을 달면 집이 완성된다.

패철
집터와 건물의 방향을 잡는 데 쓰는 나침반이다. 집터를 정하는 풍수사들이 부채에 매달아 가지고 다녔다.

집터 잡기
집 지을 사람과 땅을 보는 풍수사가 집터를 고르고 있다. 멀리 산 아래 마을이 보이고 마을 앞으로 농경지가 있으며 그 앞에 강이 흐른다. 이런 지형을 '배산임수'라 하여 집터로 쓰기 좋은 곳으로 여겼다.

터 닦기와 주춧돌 놓기

집주인이 집의 규모와 모양을 결정하면 대목은 공사를 시작한다. 대목은 집 짓는 기술자로 집을 설계하고 짓는 모든 공사를 지휘한다. 집을 지으려면 먼저 높은 곳을 깎아 내고 낮은 곳을 메워 집터를 평평하게 고른다. 건물 앉힐 자리는 마당보다 높게 돋운다. 이를 기단이라고 하는데 빗물이 집 쪽으로 튀어 오르는 것을 막고, 바닥에 고인 물이 집 안으로 스며들지 않도록 해 준다.

기단 위에 말뚝을 박아 기둥 세울 자리를 표시한다. 기둥 자리는 깊이 파서 단단히 다진다. 기둥은 무거운 지붕을 받치고 건물을 지탱하는 역할을 하기 때문에 기둥 세울 자리는 땅이 꺼져 들어가지 않도록 단단히 다진다. 잘 다진 기둥 구멍에 주춧돌을 놓는다. 주춧돌은 기둥 아래에 놓는 돌로, 기둥을 땅 위에 올려놓는 역할을 한다. 또한 땅에서 올라오는 습기로 인해 기둥이 썩는 것을 막아 준다.

❶ 터 고르기
큰 돌들을 골라낸 다음 높은 곳은 파내고 낮은 곳은 흙을 메워 집터를 평평하게 고른다.

❷ 기단 만들기
자연석이나 다듬은 돌을 바깥쪽으로 쌓고 안쪽에 흙을 메워 건물이 들어설 곳을 마당보다 높게 쌓아 올린다.

❸ 기둥 자리 정하기
건물을 앉힐 방향을 잡은 다음, 기둥이 들어설 자리에 말뚝을 박고 실을 묶어 표시를 한다. 말뚝을 박은 자리는 땅을 다지고 기둥을 세운다.

❹ 기둥 자리 다지기
기둥 세울 자리는 1.5 m 정도 깊이로 판 다음 달구로 단단하게 다진다. 달구를 들어 올렸다가 놓으면, 달구가 떨어지는 힘으로 땅이 다져진다.

❺ 주춧돌 박기
기둥 자리가 잘 다져지면 주춧돌을 박는다. 주춧돌은 자연에 있는 돌을 그대로 쓰기도 하고 다듬어서 쓰기도 한다.

기둥 세우기

주춧돌을 놓은 다음에는 그 위에 기둥을 세운다. 대목은 기둥의 숫자와 길이·굵기를 정하여 목재에 표시를 한다. 대목의 지시에 따라 일꾼들은 자귀와 대패 등의 목공 도구를 이용하여 거친 목재를 다듬어 매끈한 기둥을 만든다. 기둥이 준비되면 기둥을 주춧돌 위에 똑바로 세우는 작업을 한다. 울퉁불퉁한 주춧돌의 표면을 기둥에 옮겨 그린 다음, 끌로 기둥 밑동을 깎아 낸다. 이를 그랭이질이라고 한다. 그랭이질이 끝나면 기둥은 아무런 버팀목이 없어도 주춧돌 위에 똑바로 서게 된다. 기둥이 수직으로 서지 않으면 집 전체가 기울어지게 된다. 이 작업은 숙련된 기술을 필요로 하기 때문에 경험이 많은 대목만이 할 수 있다.

목재 다듬기

대패질
자귀질을 한 목재의 표면을 매끈하게 다듬는다.

자귀질
목재를 원하는 모양으로 깎는다.

먹줄 치기
자르거나 다듬어야 할 부분에 먹줄을 퉁겨 표시한다.

끌질
목재를 서로 짜 맞추기 위해 홈을 파거나 촉을 만든다.

도끼질
나무에 붙어 있는 옹이 등을 떼어 낸다.

목재 다듬는 도구

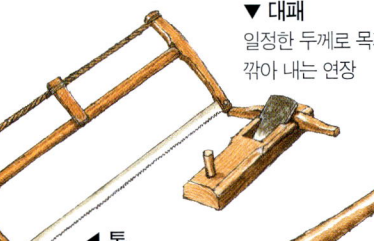

◀ **톱**
목재를 자르는 연장

▼ **대패**
일정한 두께로 목재를 깎아 내는 연장

▲ **까뀌**
목재를 깎는 연장

◀ **먹통**
곧은 선을 긋는 도구

▲ **옥까뀌**
날이 앞쪽으로 휜 까뀌

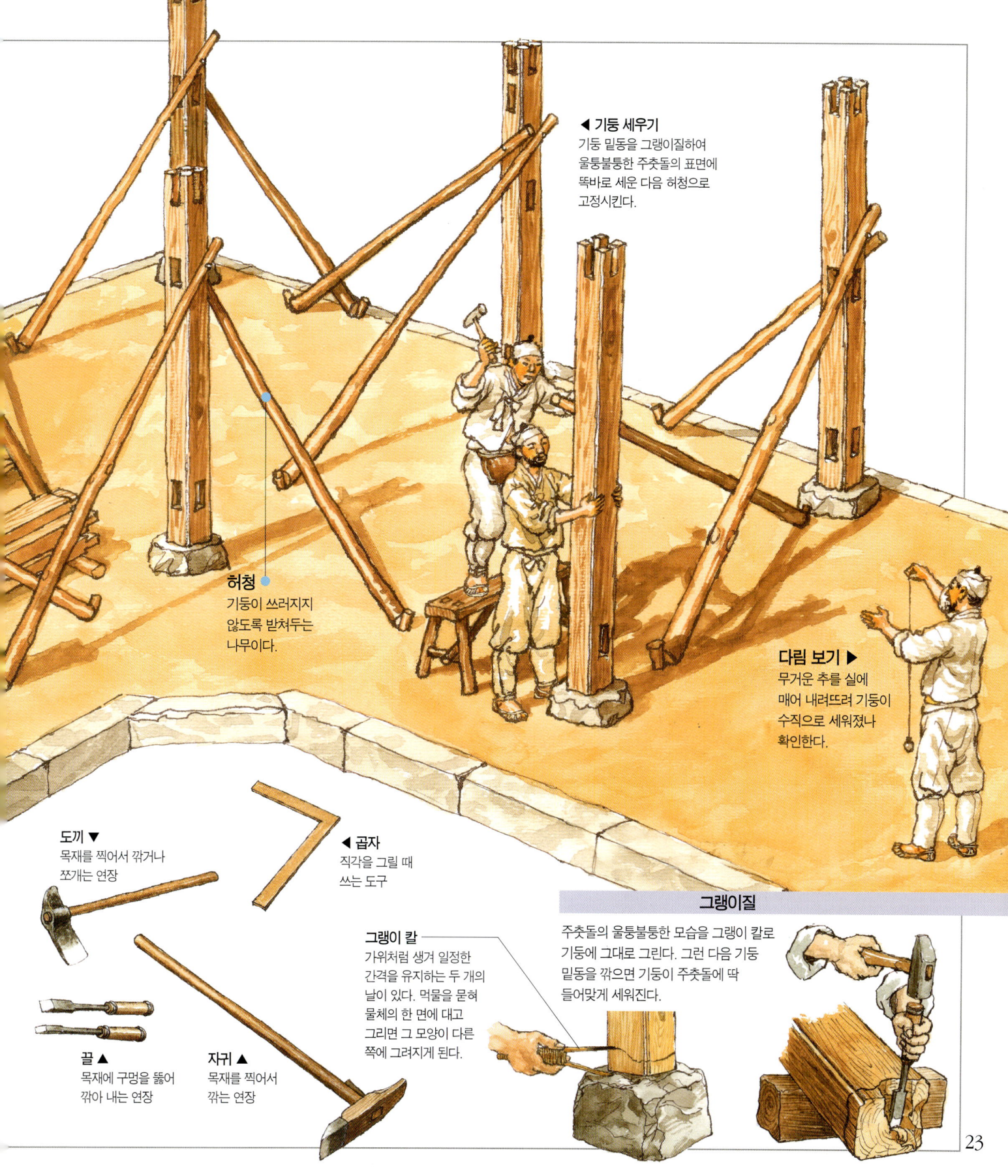

뼈대 만들기

기둥이 곧게 서면, 기둥 사이에 목재를 연결하여 기둥이 쓰러지지 않도록 한다. 집을 정면에서 보았을 때 기둥을 가로 방향으로 연결하는 목재를 '도리'라고 하고, 세로 방향으로 연결하는 목재를 '보'라고 한다. 기둥 위에 도리와 보를 짜 맞추면 육면체의 튼튼한 틀이 만들어진다.

육면체의 틀 위에 다시 삼각형의 지붕대를 얹으면 집의 뼈대가 완성된다. 삼각형 지붕의 꼭짓점에 해당하는 자리에 얹는 목재를 '마룻대'라고 한다. 마룻대를 올리는 것이 '상량'이다.

옛사람들은 상량을 하고 나면 집을 짓는 주요 공정이 끝났다고 여겼다. 그래서 집주인은 이때 큰 잔치를 베푼다. 집이 튼튼하게 세워진 것을 축하하고 지금까지 고생한 대목들을 위로하기 위한 것이다.

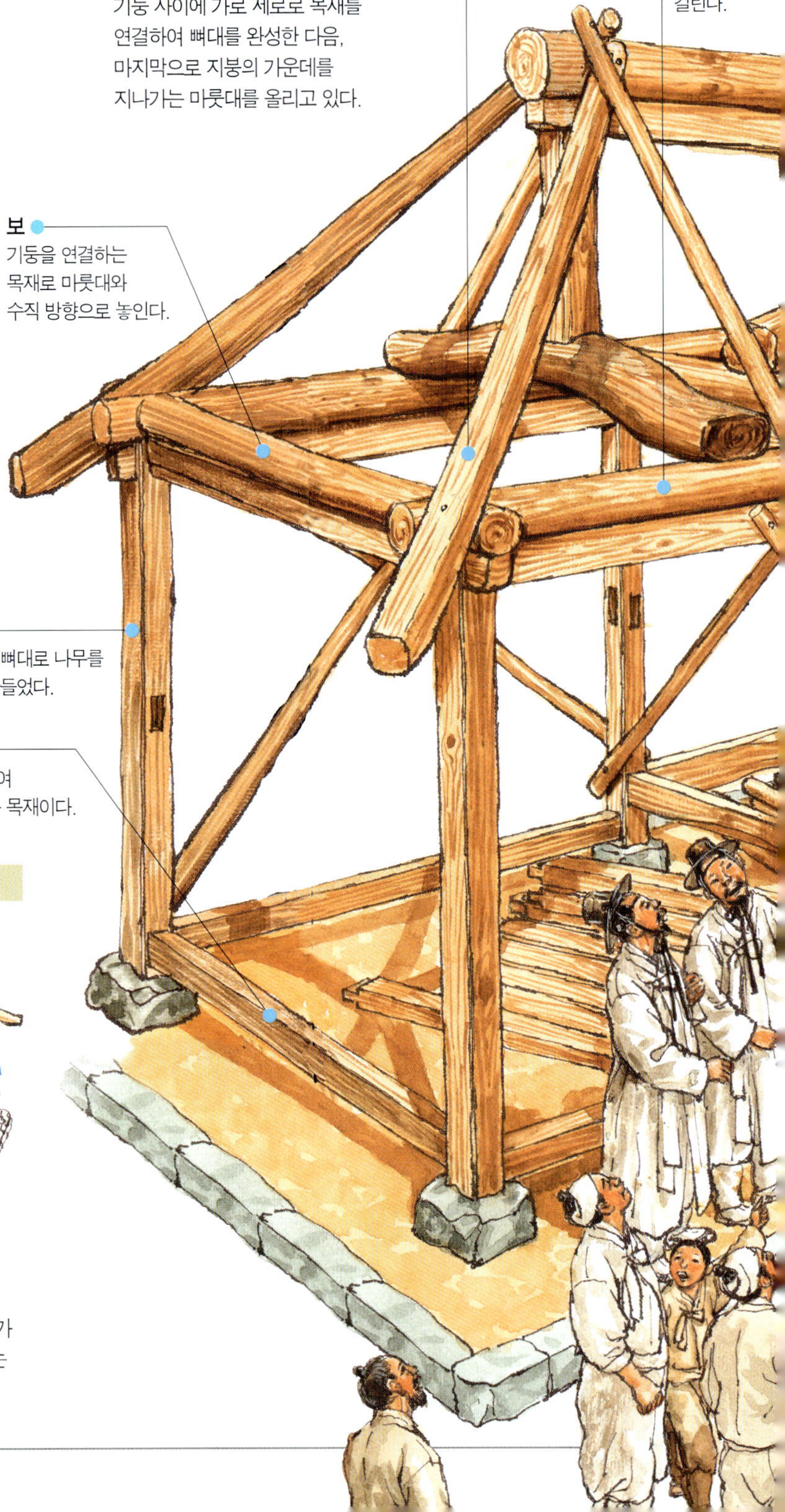

추녀 지붕의 네 모서리에 걸리는 목재다.

도리 기둥을 연결하는 목재로 마룻대와 같은 방향으로 걸린다.

상량 기둥 사이에 가로 세로로 목재를 연결하여 뼈대를 완성한 다음, 마지막으로 지붕의 가운데를 지나가는 마룻대를 올리고 있다.

보 기둥을 연결하는 목재로 마룻대와 수직 방향으로 놓인다.

기둥 지붕을 받치는 뼈대로 나무를 네모로 깎아 만들었다.

인방 기둥에 가로놓여 벽을 받쳐 주는 목재이다.

완성된 집의 뼈대

완성된 집의 뼈대이다. 목재가 휘지 않도록 원래 나무가 서 있던 대로 뿌리가 아래로 가도록 바르게 세운다. 이렇게 지은 집은 뒤틀리지 않는다. 화살표는 재목을 세운 방향을 표시한 것이다.

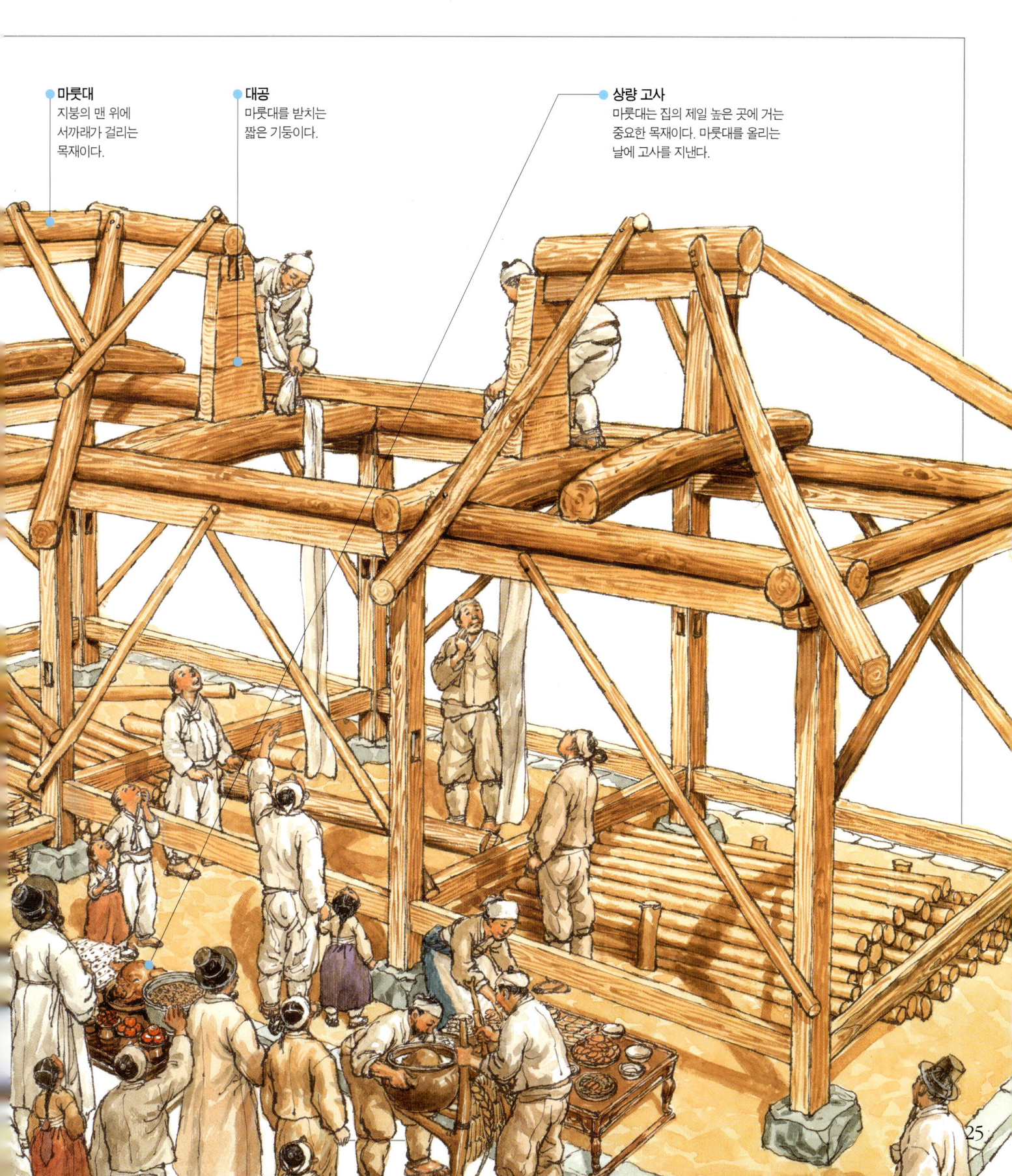

기와 만들기

기와는 모양이 아름답고 비바람에 오래 견디는 좋은 지붕 재료이다. 그러나 여러 단계의 복잡한 공정을 거쳐서 만들어지기 때문에 일반 사람들이 만들기는 어려웠다. 그래서 '와공'이라고 부르는 기와를 다루는 기술자들이 따로 있었다.

와공들은 기와 만드는 작업을 여러 단계로 나누어서 했다. 흙과 땔감 등 재료를 준비하는 사람, 흙을 섞고 다지는 사람, 기와의 모양을 만드는 사람, 모양을 만든 기와를 옮겨서 말리는 사람, 가마에 넣고 굽는 사람 등이 있다.

조와소
기와를 만들어 내는 공장이다. 기와를 만드는 작업장과 이를 굽는 가마, 점토나 땔감을 쌓아 두는 곳, 기와를 말리는 곳, 기와를 쌓아 두는 곳, 그리고 와공들의 주거지 등이 있다.

기와 말리기
틀에서 꺼낸 날기와는 밖에서 말린다. 3일 정도 말린 다음 위 아래를 뒤집어 다시 말린다.

흙 다지기
논에서 퍼 올린 흙더미 위에 사람이 올라서서 골고루 다진다. 천장에 줄을 달아 넘어지지 않도록 붙잡고 작업을 한다.

흙 나누기
다진 흙더미를 얇은 판자 모양으로 떼어 낸 다음 몇 겹으로 접어서 또 한번 밟아 다진다.

홈 내기
나중에 쪼개기 쉽도록 덜 마른 기와에 홈을 낸다.

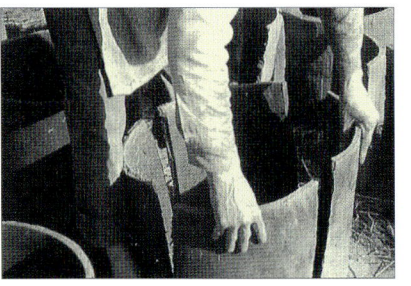

쪼개기
어느 정도 말린 날기와는 들었다가 놓으며 약간 충격을 주어 쪼갠다. 암키와는 4쪽으로, 수키와는 2쪽으로 된다.

포개어 말리기
쪼갠 기와를 별다른 다듬질없이 공기가 잘 통하도록 포개어 다시 말린다.

진흙 판 자르기
두번 다진 흙을 직사각형의 나무 틀 속에
넣어 채운 다음 얇게 베고, 다시 세로로
기와 두 장 폭 길이로 자른다.

기와 만들기
왼쪽은 암키와,
오른쪽은 수키와를
만드는 장면이다.

막새기와 만들기
왼쪽은 암막새,
오른쪽은 수막새를
만드는 장면이다.

기와 굽기
가마의 내부에 바짝 마른 기와를
세워서 천장 아래까지 차곡차곡
쌓은 다음 장작을 때어 굽는다.

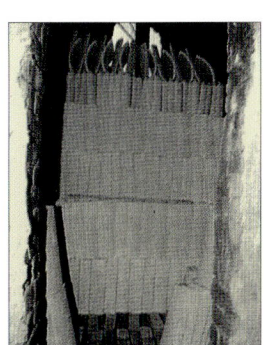

가마에 쌓기
일정한 양의 기와가 준비되면 불길이
잘 통하도록 가마에 차곡차곡 쌓는다.

불 때기
24시간 불을 땐 뒤 가마의 입구를
막고 다시 하루 정도 식힌다. 기와
가마의 온도는 약 1,100 ℃이다.

완성된 기와
가마에서 구워 낸 기왓장은 검은색이다.
집 짓는 곳으로 운반되어 지붕 재료로 쓴다.

지붕 얹기

지붕을 만들기 위하여 먼저 '서까래'를 건다. 서까래는 삼각형의 지붕대에서 빗변 방향으로 놓는 목재를 말한다. 한옥에서 가장 아름다운 부분은 처마의 곡선이다. 처마는 멀리서 보면 좌우로 날렵하게 치켜 있고, 가까운 곳에서 보면 안쪽으로 활처럼 휘어 있다. 이 아름다운 처마 선의 비결은 바로 서까래를 거는 솜씨에 달렸다.

서까래가 놓이면 수수깡이나 갈대 등 잔가지를 엮어 덮는다. 이를 '산자'라고 한다. 산자는 지붕 위에 덮을 흙이 서까래 아래로 빠지지 않도록 해 준다. 산자 위에 흙을 덮어 지붕의 곡선을 만들어 가면서 기와를 얹는다. 지붕에 흙을 덮으면 빗물이 스며들지 않는다. 또한 흙은 바깥의 열을 막아 준다.

지붕 만들기
우진각지붕을 만들고 있다. 서까래를 1단으로 걸고, 그 위에 나무 산자를 엮어 깐 다음 흙을 덮고 기와를 얹는다.

서까래 걸기
팔작지붕의 서까래를 거는 모습이다. 위아래 2단으로 엇갈리게 걸며 처마의 곡선을 만들기 위해서 놓는 자리에 따라 서까래의 길이와 각도를 달리한다.

평고대 처마 끝에 가로로 길게 놓은 목재로 이 위에 기와를 얹는다.

산자 엮기 수수깡이나 갈대, 싸리나무, 물푸레나무 등 잔가지를 엮어 지붕 전체를 덮는다.

진흙 이기기 진흙을 발로 밟아 잘 이겨서 공 모양으로 뭉쳐 지붕 위로 던져 준다.

벽과 바닥 만들기

뼈대와 지붕을 만든 뒤에는 벽과 바닥을 만든다. 벽을 만들기 위해서는 먼저 기둥과 기둥 사이에 '인방'이라는 목재를 끼운다. 그리고 창이나 문이 들어갈 자리는 '문설주'라는 기둥을 미리 만들어 둔다. 우리나라 벽은 대부분 흙으로 된 벽이다. 흙벽은 지붕을 만들 때와 마찬가지로 수숫대나 싸리 가지로 바탕을 마련하고, 양쪽에서 흙을 발라 만든다.

벽을 바르면서 방바닥에는 구들을 놓고, 마루에는 마룻바닥을 깐다. 불에 타지 않는 흙과 돌로 만들어진 구들은 한번 불을 때면 열이 쉽게 식지 않아 오랫동안 따뜻하다. 그리고 나무 널빤지를 깔아 만든 마루는 바람이 잘 통하여 한여름에 앉아 있어도 땀이 차지 않고 시원하다. 마지막으로 창과 문을 단다.

온돌의 구조

아궁이에서 굴뚝까지 '고래(둑)'를 쌓고 그 위에 '구들장(돌)'을 덮는다. 불을 지피면 불기운이 고래 사이로 퍼져 나가 구들장이 따뜻해진다.

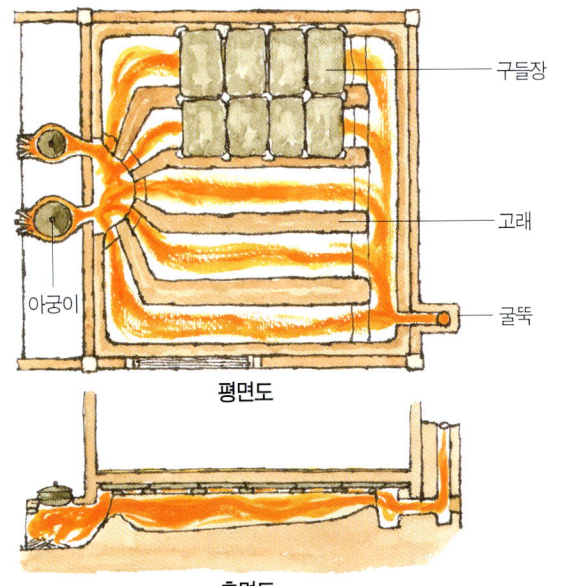

구들장
고래
굴뚝
아궁이
평면도
측면도

아궁이 만들기
안방쪽 벽에 흙과 돌을 쌓아 만든다. 아궁이 반대쪽에는 연기가 나가도록 굴뚝을 만든다.

● **구들 놓기**
여러 줄의 불기운이 지나가는 고래를 만든 다음 구들장을 덮는다. 구들장 위에는 흙을 발라 마감한다.

문설주

청널

귀틀

벽 바르기
이긴 흙을 '흙손'에 대고 꾹꾹 눌러 앞뒤로 바른다. 한 면에 먼저 흙을 바르고 마른 후 반대편 벽을 발라야 먼저 바른 쪽의 흙이 떨어지지 않는다.

● **창 달기**
문설주에는 암톨쩌귀를 박고 문에는 수톨쩌귀를 박아서 문을 문설주에 건다.

● **마루 깔기**
턱을 판 귀틀을 걸쳐 두고, 홈을 낸 청널을 맞춰 끼우며 깔아 나간다.

● **장판 바르기**
질기고 두꺼운 종이에 기름을 먹여 귀를 맞춰 바른다. 콩을 갈아 들기름을 섞어 장판 위에 발라 물기가 배어 들지 않게 한다. 이를 '콩댐'이라 한다.

● **흙 만들기**
곱고 차진 흙을 체로 거른 다음, 물을 뿌려 이긴다. 흙이 끈끈해야 벽을 바를 때 떨어지지 않는다. 짚을 썰어 넣고 함께 이겨야 흙이 마른 뒤 갈라지거나 트는 일이 적다.

한옥

옛날 우리 조상들이 살았던 전통 집을 '한옥'이라고 한다. 한옥은 집 안에 온돌과 마루가 함께 있어 여름에 덥고 겨울에 추운 우리나라 기후에 적합하다. 그리고 농사를 지으며 살았던 조상들은 집 안에 넓은 마당을 두어 타작과 같은 농사일을 할 수 있는 공간으로 활용하였다. 한옥은 지방에 따라 구조가 조금씩 다르며 주인의 신분에 따라 규모도 큰 차이가 있다.

집들이
여러 개의 방이 있는 팔작지붕의 큰 기와집이다. 동네 사람들이 모여 집들이를 벌이고 있다.

민가

평민이 사는 집을 '민가'라고 한다. 사람이 사는 곳과 짐승을 기르거나 물건을 저장하는 곳이 분리되어 있다.

사람이 먹고 자고 쉬는 곳이 '살림채'이다. 집 전체는 남쪽을 향하면서 살림채는 북쪽에 두어 햇빛을 많이 받을 수 있게 했다.

곡식이나 물건을 보관하거나, 가축을 기르는 곳이 '부속채'이다. 부속채는 살림채와 떨어져 있다. '뒷간'이라고 불린 화장실도 살림채에서 멀리 떨어진 바깥쪽에 두었다.

민가에서는 마당도 빼놓을 수 없는 중요한 공간이다. 안마당에서는 곡식을 타작하거나 말리는 따위의 일을 하고 잔치도 벌인다. 장독대와 우물이 있는 뒷마당은 안마당과 달리 한적한 곳으로 꽃과 나무를 심고 가꾸었다.

민가의 전경
잘사는 평민의 집이다. ㄱ자 모양의 큰 살림채와 부속채가 하나 있다. 기와를 얹은 살림채는 남쪽을 향해 있다.

돌담
자연의 돌만 가지고 차곡차곡 쌓아 올려 만든 담이다.

우물
부엌과 가까운 곳에 둔다. 우물에는 두레박을 걸어 둔다.

살림채
사람이 지내는 건물로, 생활의 중심이 되는 곳이다. 방 세 칸·부엌·대청 마루가 있다. 지붕의 형태는 왼쪽이 맞배지붕, 오른쪽이 팔작지붕이다.

부속채
짐승을 기르거나 물건을 보관하는 건물이다. 지붕을 초가로 이어 지붕에서 여러 가지 농작물을 말린다.

흙담
짚을 썰어 넣고 석회를 적당히 섞은 흙으로 다져서 굳힌 담이다. 담 위에 이엉을 덮어서 비가 와도 무너지지 않도록 한다.

뒷마당 안마당과 달리 한적한 곳으로 꽃과 나무를 심고 가꾼다.

안마당 농사일을 하는 작업 공간으로 곡식을 타작하거나 널어 말린다.

대문 집 안과 밖을 출입하는 문이다. 옛사람들은 '문이 작고 집이 크면 재산이 늘어난다.'고 믿었다.

채마밭 집 안에 둔 작은 밭으로 파, 상추, 고추, 오이 같은 채소를 가꾸어 먹는다.

민가의 살림채

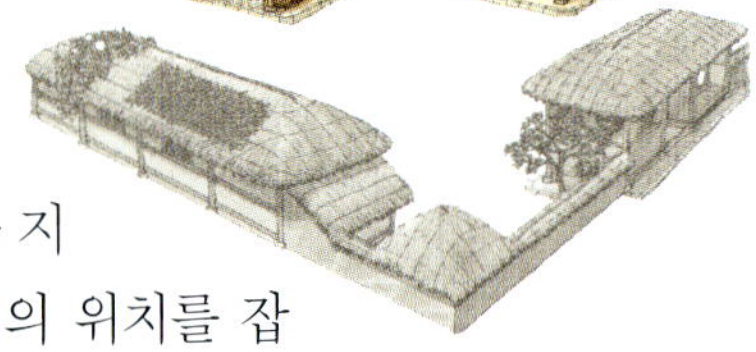

살림채는 방과 마루, 부엌으로 이루어진다.
살림채는 집에서 가장 중요한 곳으로 집을 지을 때도 살림채의 위치를 잡은 다음 다른 건물의 위치를 정한다.

살림채에서 가장 특징적인 곳은 방이다. 방은 신발을 벗고 들어가 편히 쉴 수 있는 공간이다. 또 방은 필요에 따라 먹고 자고 쉬는 일을 모두 할 수 있다. 우리나라 방은 잠을 잘 때는 이불을 펴고, 밥을 먹을 때는 밥상을 들여놓는 식으로 공간을 효율적으로 이용한다.

방과 방은 마루로 연결하여 신을 신지 않고 건너다닐 수 있다. 마루는 집 안과 바깥을 이어 주는 역할도 한다. 또한 바람이 잘 통하여 쌀이나 물건을 보관하기에도 편리했다.

음식을 만드는 부엌은 여자들이 쓰기 편하도록 안방과 가까운 곳에 두었다.

안방의 살림살이

횃대
두루마기 같은 긴 옷을 걸쳐 두는 옷걸이다. 안방 벽에 걸어 둔다.

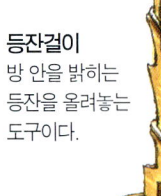

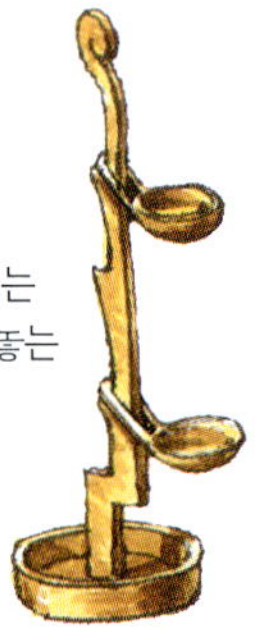

등잔걸이
방 안을 밝히는 등잔을 올려놓는 도구이다.

화로
불씨를 묻어 두고 다림질을 하거나 밤 같은 것을 구워 먹기도 한다.

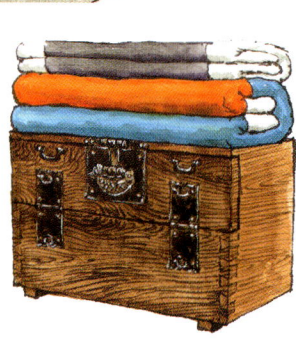

반닫이
앞쪽의 반만 젖혀서 여는 가구이다. 듬직한 자물쇠를 물려 귀중품을 넣어 둔다.

❶ 창
문과 마주 보게 내어 맞바람이 들어와 환기가 잘 된다. 창호지를 발라 은은한 볕이 들도록 한다.

❷ 안방
안주인이 생활하는 곳이다. 여성 위주로 구성되어 있고 부엌과 붙어 있다. 방바닥은 온돌이며 부엌쪽 벽 윗부분에는 벽장이 있다. 따뜻한 아랫목은 주인이 앉고 웃목에는 반닫이나 장을 둔다.

❸ 벽장
안방에서 부엌 쪽으로 만들며 여러 가지 물건을 넣어 둔다.

❹ 부엌
안방에 붙어 있다. 안방 벽에 부뚜막이 붙어 있어, 불을 때면 음식도 익히고 안방도 데우도록 설계되어 있다.

❺ 솥
무쇠로 만든 솥이다. 네 귀가 달렸고, 크기에 따라 옹가마솥 · 가마솥 · 중솥 · 옹솥으로 구분된다.

❻ 쪽마루
방 앞에 있는 작은 마루로 방에 오르고 내리기 쉽게 해 준다.

❼ 살창
세로로 살을 늘어놓은 창으로 부엌의 통기 구멍으로 이용한다.

❽ 삼층장
농을 3층으로 포개어 얹어 놓은 장이다. 옷이나 여러 가지 물건을 넣어 둔다.

❾ 백항아리
뒤주의 뒤쪽에 놓는다. 장아찌 · 조림 · 꿀 · 조청 같은 밑반찬이나 조미료 등을 넣어 둔다.

❿ 댓돌
높은 마루를 오르내리기 편하도록 놓은 돌이다.

⓫ 뒤주
온 가족이 먹을 식량을 넣어 두고 쓰는 아주 튼튼하게 짠 나무 궤이다. 마루의 가장 중심에 장식장처럼 놓고 쓴다. 안에는 쌀을 푸는 작은 바가지가 들어 있다.

⓬ 대청마루
안방과 건넌방 사이에 있다. 일반적으로 앞쪽에는 아무런 문이나 창이 없고 뒤쪽에는 문이 있어 바람이 잘 통하고 매우 시원한 곳이다. 쌀이나 반찬 등을 보관하거나 일을 한다.

37

민가의 부속채

옛날 사람들은 주로 농사를 지으며 살았다. 봄에 논밭을 갈고 씨앗을 뿌려, 가을에 곡식을 거두었다. 그리고 논밭을 갈기 위하여 소를 기르고, 고기를 얻기 위하여 돼지·염소·닭 등의 가축도 길렀다. 옷감도 직접 짜서 필요한 옷을 만들어 입었다. 집 안에서 이러한 일들을 하는 곳이 바로 부속채이다. 부속채에는 농기구를 보관하는 헛간과 곡식을 보관하는 곳간이 있고, 곡식을 빻는 방앗간, 베틀을 놓고 옷감을 짜는 방, 가축을 기르는 외양간 등이 있다.

여유가 있는 집에서는 부속채를 여러 채 두고 방을 만들어 사람이 생활하기도 하였다.

부속채의 자리는 사람이 사는 살림채의 위치를 잡고 난 뒤에 정하기 때문에 살림채와 마주 보는 북쪽이나 동·서쪽을 향하고 있다.

뒷간
아궁이에서 재를 퍼 담아 뒷간에 나르고 있다. 대변을 누고 부삽으로 재를 섞어 비료를 만든다. 소변도 바깥에 놓여 있는 항아리에 눈 다음 썩혀서 비료로 이용한다.

돼지우리
앞면에 목책을 세로로 듬성듬성하게 설치하여 악취를 내보내고 통풍이 잘되게 한다.

외양간
소가 활동하기 적합하고 구유를 설치하여 사료를 줄 수 있도록 크게 만든다. 바닥에 짚을 깔아 두고 쇠똥을 받아 거름으로 쓴다. 위에는 다락을 두어 농사짓는 데 필요한 농기구를 넣어 둔다.

사대부의 집

조선 시대의 양반들은 유교의 가르침에 따라 살았고 집도 이에 걸맞는 모양새를 갖추었다. 양반층은 보통 '사대부'라고 부른다. 이들은 권위를 지키기 위해서 가족의 생활이 밖에 보이는 것을 꺼렸다. 따라서 사대부의 집은 매우 폐쇄적이다. 집 안의 건물과 공간을 높은 담장이나 건물로 가리고 솟을대문이나 화려한 담으로 위엄을 드러냈다. 사대부의 집은 여러 채의 건물이 있고 각 채는 담과 문으로 나뉜다. 신분을 엄격히 구별했기 때문에 집 안에는 주인이 사는 곳과 하인이 사는 곳이 뚜렷하게 갈라진다. 또한, 남자가 사는 곳과 여자가 사는 곳이 따로 분리되어 있다.

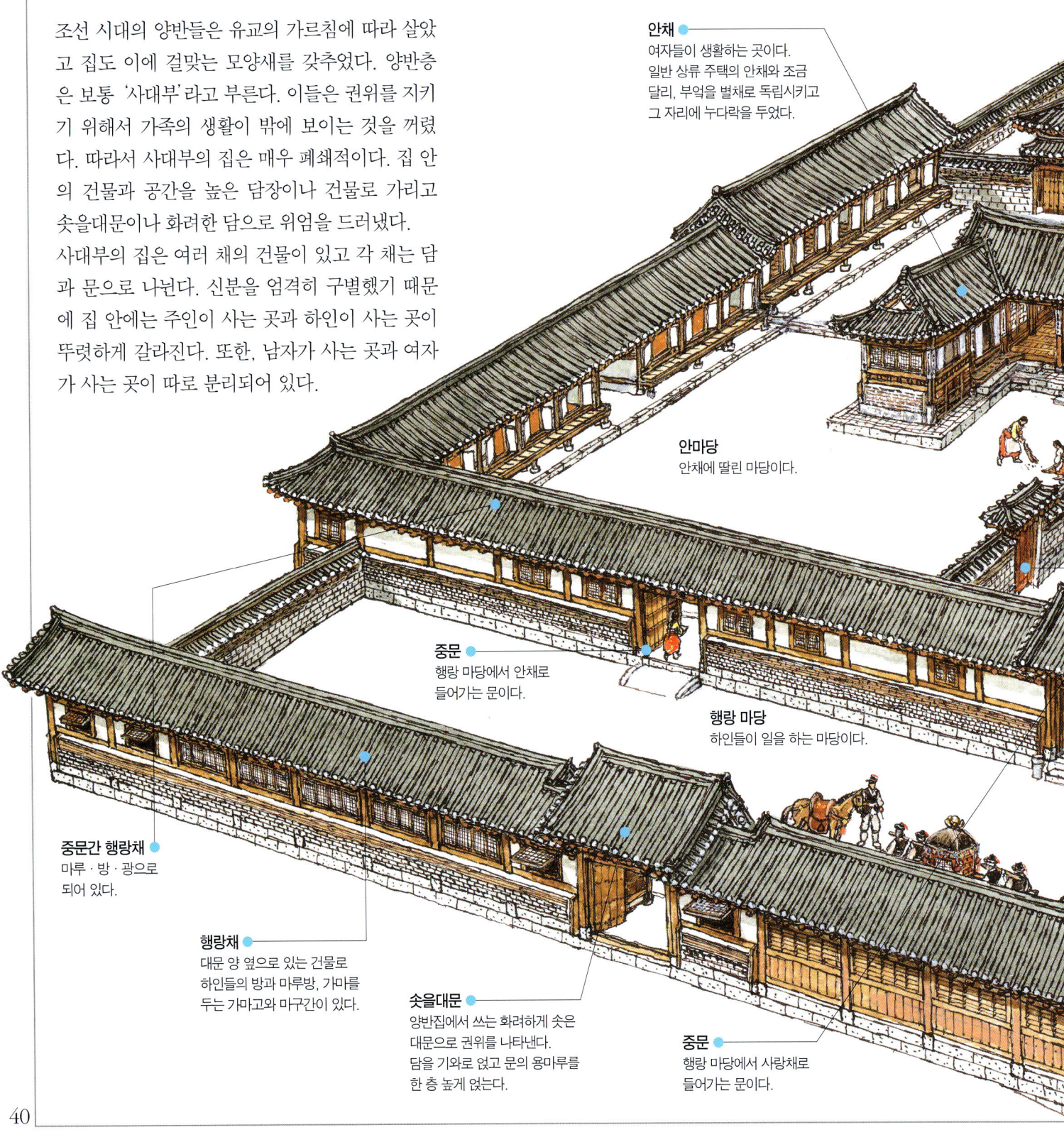

안채
여자들이 생활하는 곳이다. 일반 상류 주택의 안채와 조금 달리, 부엌을 별채로 독립시키고 그 자리에 누다락을 두었다.

안마당
안채에 딸린 마당이다.

중문
행랑 마당에서 안채로 들어가는 문이다.

행랑 마당
하인들이 일을 하는 마당이다.

중문간 행랑채
마루·방·광으로 되어 있다.

행랑채
대문 양 옆으로 있는 건물로 하인들의 방과 마루방, 가마를 두는 가마고와 마구간이 있다.

솟을대문
양반집에서 쓰는 화려하게 솟은 대문으로 권위를 나타낸다. 담을 기와로 얹고 문의 용마루를 한 층 높게 얹는다.

중문
행랑 마당에서 사랑채로 들어가는 문이다.

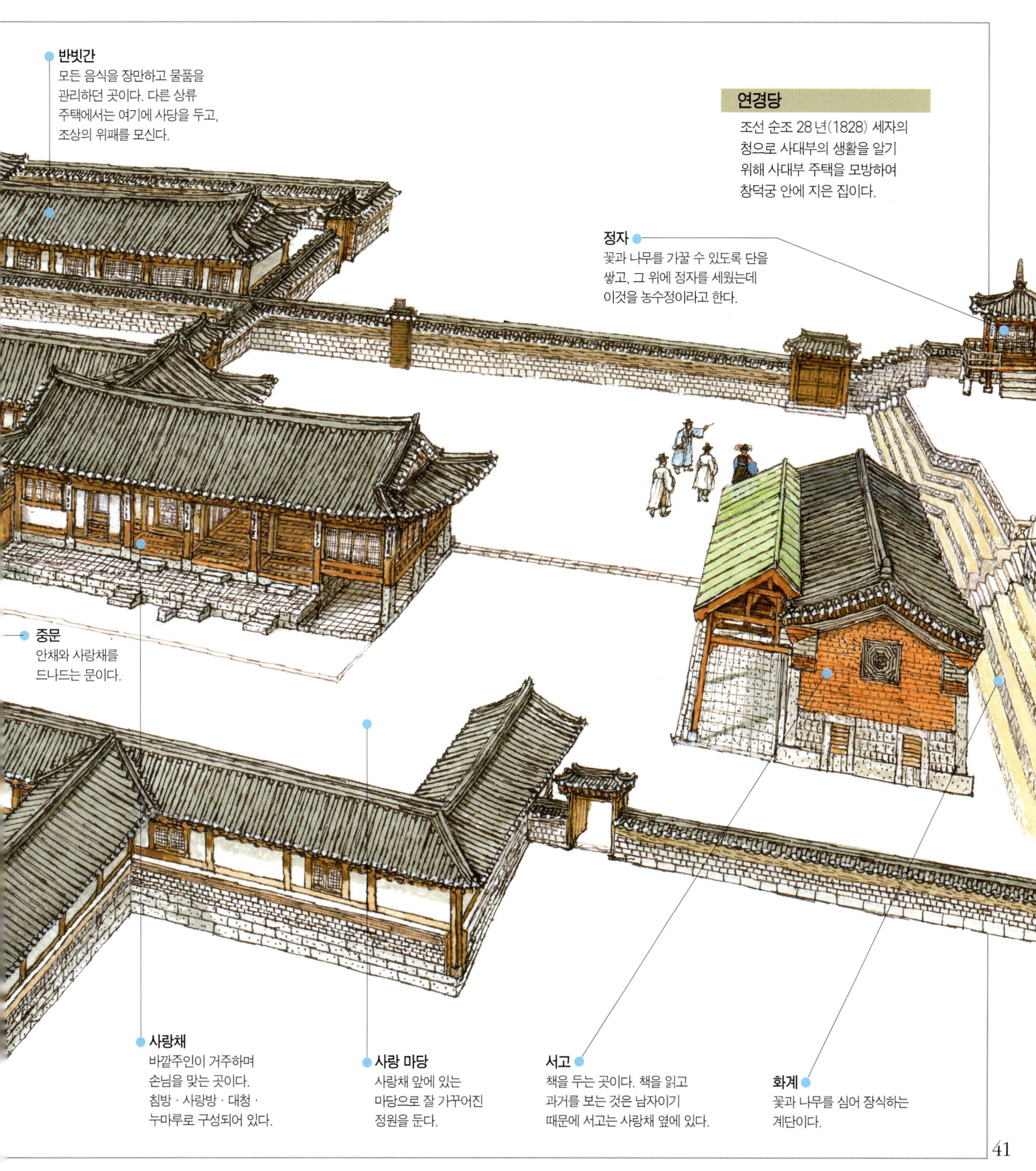

사랑채와 정원

사랑채는 사대부 집의 특성을 잘 드러내는 곳이다. 유교의 가르침에 의하면 남자와 여자는 일곱 살이 되면 자리를 같이할 수 없고, 함께 음식을 먹을 수도 없다. 따라서 남자 주인이 생활하는 사랑채는 보통 안채와 떨어져 있으며, 사랑채와 안채를 붙여 지을 때도, 안채와는 담장이나 문으로 구분하였다.

한편 사랑채는 '큰사랑'과 '작은사랑'으로 나누어 윗사람과 아랫사람을 나타내었다. 남자 주인은 사랑채에서 지내면서 손님을 맞았기 때문에, 사랑채는 가장 화려하고 위엄 있게 꾸몄다. 사랑채 앞에는 잘 가꾸어진 정원과 연못을 두어, 마음을 다스리고 인격을 닦는 데 도움이 되게 하였다. 또 누마루를 두어 친구들과 함께 마당을 내려다보며 시조를 짓거나 가야금을 타는 등 풍류를 즐길 수 있도록 하였다.

사랑채의 정원
정원에 상록수나 잔디를 심지 않고 활엽수를 심어 계절에 따라 변화하는 자연의 모습을 보고자 하였다.

서고정사의 정원

연못을 파고 정자를 지은 전형적인 우리나라 정원이다. 연못은 대개 사각형이 많고, 연못에 연꽃을 심는 것은 불교의 영향 때문이다. 구한말 이익구라는 유학자가 학문 연구를 하던 곳으로 경남 밀양에 있다. (사진 제공_황현만)

정원을 꾸미는 장식물

돌확
절구 모양의 돌그릇이다. 여기에 이끼나 풀이 돋게 해서 정원에 장식한다.

등 받침대
등을 켜서 올려놓는 돌기둥이다.

사랑방의 문방구

▲ **경상**
책 한 권 펼쳐 놓을 크기의 책상

▼ **필산**
붓에 묻은 먹이 바닥에 묻지 않게 눕혀 두는 도구

▲ **먹**

▲ **벼루**

◀ **필통**
자주 사용하는 몇 개의 작은 붓을 꽂아 두는 통

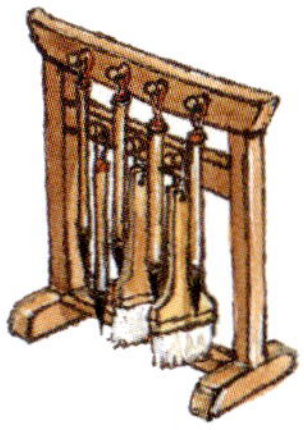

◀ **필가**
쓰지 않는 붓이나 좋은 붓을 걸어 두는 도구

▲ **책장**
필요한 책이나 서화를 넣어 두는 장

석지
큰 돌그릇으로 물만 담거나 연꽃을 담아 둔다.

사랑방

사랑방에서 손님을 맞는 장면이다. 주인이 앉는 자리 뒤에는 좋은 글귀나 그림이 있는 병풍을 치고, 폭신한 보료에 안석을 두어 주인이 편히 기댈 수 있게 하였다.

여러 지방의 집

우리나라는 남북이 길고 지역에 따라 기후의 차이가 심하기 때문에 집의 모양이나 내부 구조가 지역에 따라 다르다.

북부 지방은 겨울이 길고 춥기 때문에 추위를 효과적으로 막는 집을 짓는다. 사람이 사는 공간과 물건을 저장하는 공간, 가축을 기르는 공간 등을 한 건물 안에 만들어 모든 일을 집 안에서 할 수 있도록 한다. 이런 형태의 집을 '집중형 주거'라고 한다.

남부 지방은 여름이 긴 탓에 더위를 막을 수 있는 집을 짓는다. 살림채와 부속채를 분산시키고, 바람이 잘 통하도록 방들을 일렬로 만든다. 이런 모양의 집은 '분산형 주거'라고 한다.

중부 지방은 북부 지방과 남부 지방, 두 형태가 절충된 집을 짓는다. 또한, 바람이 거세거나 눈이 많이 오는 곳에 사는 사람들은 이런 기후에 알맞은 집을 지었다.

우데기 집
눈이 많이 오는 울릉도에서는 지붕이 쓰러지지 않도록 튼튼한 통나무로 귀틀벽을 만들고 다시 귀틀벽 바깥쪽에 풀이나 짚으로 우데기 벽을 만들어 눈이 안으로 들어오지 못하도록 막았다.

우데기 벽
풀이나 짚을 엮어 만든 벽이다. 우데기를 세우면 눈이 집 안으로 들어오지 못한다.

귀틀벽
통나무를 가로로 쌓아 만든 벽이다. 통나무 사이는 이끼와 진흙으로 메운다.

◀ 우데기 집의 외부

기후에 따른 집의 구조

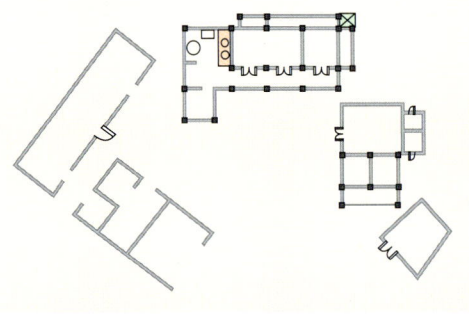

◀ 남부 지방의 집 (분산형 주거)
길고 무더운 여름을 잘 보내기 위해서 바람이 잘 통하도록 주거 공간을 여러 건물로 분산한다.

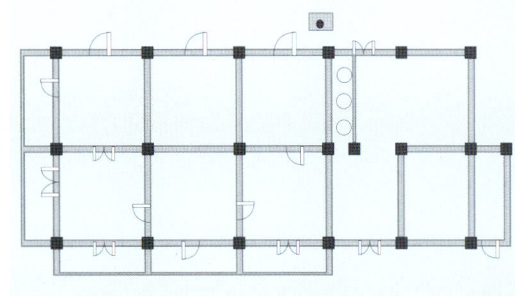

◀ 북부 지방의 집 (집중형 주거)
추위를 막기 위해 사람이 사는 공간이나 짐승을 기르고 물건을 보관하는 공간을 한채에 모은다.

지역에 따른 집

너와집
나무토막을 쪼갠 널을 지붕에 덮어 만든다. 벼농사를 짓지 않아 볏짚이 나지 않는 강원도 산간 지방 같은 곳에서 짓는다.

돌담집
날씨는 따뜻하지만 바람이 많이 부는 제주도에서 주로 짓는다. 집 주위로 돌담을 둘러 거센 바람을 막는다.

용어 풀이

공포 건물의 지붕을 떠받치는 부분에 나무로 짜 올려 지붕 무게를 받게 한 구조. 집을 구조적으로 안전하게 하고 건물의 웅장한 멋을 낸다.

구들 우리나라의 대표적인 난방 시설로 '온돌'이라고도 한다. 바닥에 돌과 흙을 쌓아 둑을 만들고, 그 위에 넓적한 돌을 깐다. 불을 때면 둑 사이로 불길이 통하여 돌이 데워지면서 방바닥이 따뜻해진다. 돌은 열을 오래 간직하므로 구들을 이용한 방바닥은 불이 꺼지고 난 뒤에도 오래도록 따뜻하다.

그랭이질 기둥을 주춧돌에 수직으로 앉히기 위해 기둥 밑동을 주춧돌의 표면과 맞물리도록 깎아 내는 일. 기둥을 고정시켜 놓고 주춧돌 면과 평행하게 먹줄을 긋는다. 표시한 부분을 끌로 파서 기둥의 밑 둘레만 주춧돌에 닿도록 한다.

기둥 집의 뼈대에서 지붕을 받치기 위해 쭉 둘러가며 세운 목재. 기둥 아래에는 주춧돌이 놓이며 기둥 위에는 도리와 보가 놓인다.

너와집 나무 널빤지로 지붕을 이은 산간 지방의 집. 산림에서 쉽게 구할 수 있는 적송·전나무 등을 널빤지 모양으로 잘라 지붕을 덮어 만든 집이다.

다림 기둥이 수직으로 제대로 섰는지 알아보는 일. 추가 달린 끈을 드리워 고정시키고 그 끈과 기둥의 세로 선을 맞춰본다. 쇠로 된 추를 달아서 쓰기도 하지만 먹통에다 끈을 달아서 쓰기도 한다.

단청 집의 벽·기둥·천장 같은 데에 여러 가지 빛깔로 그림과 무늬를 그린 것. 일반 집에서는 쓰지 않고 절이나 궁궐 등 크고 화려한 건물에 쓴다.

달구 땅을 다지는 도구. 돌이나 나무로 만든다. 달구를 들었다가 놓으면, 달구가 떨어지는 힘으로 땅이 다져진다. 달구로 땅을 다지는 일을 달구질이라고 한다.

대청마루 방과 방 사이에 있는 큰 마루. 제사를 지내거나 중요한 물품을 두며 거실로 이용한다.

도리 집을 정면에서 보았을 때, 기둥 머리를 가로 방향으로 연결한 목재. 도리의 숫자는 집의 크기에 따라 다르다. 도리의 숫자에 따라 집을 3량·4량·5량·7량집으로 부르는데 도리의 숫자가 많을수록 큰 집이다.

마룻대 용마루 밑에서 서까래가 걸리는 도리. '마룻도리' 또는 '종도리'라고도 한다. 마룻대를 얹는 일은 집의 뼈대를 만드는 가장 마지막 단계의 작업으로, 이를 '상량'이라고 한다.

먹통 곧은 선을 긋는 도구. 가느다란 끈이 들어 있어 먹물을 부은 다음 끈을 잡아당기면 끈에 먹물이 묻어 나온다. 목재에 대고 끈을 살짝 튕기면 곧은 선을 그릴 수 있다.

문설주 문의 양쪽에 세워 문짝을 끼워 다는 기둥.

배흘림기둥 둥근 모양 기둥의 하나. 기둥 위를 가늘게 하는 것을 '흘림'이라고 하고 또 기둥의 배를 부르게 하는 것을 '배흘림'이라고 한다. 머리에서 기둥 높이의 1/3지점까지 굵어지다가 차츰 가늘어진다.

보 도리를 가로질러 기둥 위에 얹은 목재. '들보'라고도 한다. 지붕의 무게를 기둥에 전달해 준다.

사괘맞춤 한옥을 지을 때 쓰는 목재를 짜 맞추는 방법. 기둥·도리·보가 만나는 지점에 쓴다. 기둥 머리는 '十' 모양으로 깎아 내고 보와 도리는 잘록하게 다듬은 다음, 기둥 머리에 보와 도리를 걸어 맞춘다.

사랑 바깥주인이 주로 거처하는 방이나 집채. 손님들을 접대하는 남자들의 생활 장소다. 중·상류 계급의 주택에서는 사랑채가 독립된 건물로 있으나, 민가와 같은 작은 주택에서는 사랑을 두지 않거나 두더라도 손님 접대보다는 작업 공간으로 이용한다.

산자 지붕을 만들 때, 흙을 받치기 위하여 서까래 위에 까는 나뭇개비 또는 수수깡. 산자의 재료는 장작처럼 쪼갠 나무나 수수깡, 마의 속대, 싸리나무 등을 주로 쓰며 간혹 대나무도 쓴다.

상량 목조 건축물의 뼈대에서 가장 위에 있는 목재인 마룻대를 올려놓는 일. 집의 외형을 완성한 다음에는 벽을 치고 마루를 놓는 따위의 내부 공사로 들어가게 되므로 상량을 올리는 일은 큰 고비를 넘기는 중요한 행사이다. 가장 어려운 일을 마쳤다는 뜻에서 고사를 지낸다.

서까래 목조 건축물의 골격이 완성된 다음 도리와 도리 사이에 도리와 직각 방향으로 걸쳐 놓는 부속 목재. 도리와 도리는 높이에 차이가 있어서 서까래는 자연히 경사를 이루게 되는데, 이것을 '물매'라 한다.

솟을대문 담보다 한 층 높게 기와 지붕을 얹어서 낸 대문. 원래는 주인 대감이 탈것 위에 높이 앉아 출입할 때 머리가 걸리지 않도록 하기 위한 것이었으나, 지위 높은 사람이 사는 집을 나타내는 상징물이 되었다.

인방 기둥과 기둥 사이에 가로로 걸친 나무. 벽을 세우는 뼈대가 된다. 맨 위 도리에 맞대어 거는 것이 '상인방(상방)', 중간에 끼우는 것이 '중인방(중방)', 땅바닥 가까이 나직하게 거는 것이 '하인방(하방)'이다.

용마루 지붕 위의 가장 높은 곳. 지붕에서 마룻대가 지나가는 지점에는 기와를 몇 겹으로 쌓아 높은 둑 모양의 선을 만든다. 이를 '용마루'라고 하며 한옥에서 용마루는 자연스런 곡선을 그린다.

우데기 집 눈이 집 안으로 들어오지 못하도록 벽 바깥에 임시 벽을 설치한 울릉도의 집. 지붕 위에도 많은 눈이 쌓여 보통 나무 뼈대로는 지탱하기 어렵기 때문에 통나무를 쌓아 뼈대를 만든다.

움집 땅을 파고 내려와 벽 없이 지붕만 씌운 원시적인 집. 우리나라에서는 신석기 시대부터 초기 철기 시대인 삼국 시대까지 보편적인 살림집으로 이용되었다.

주춧돌 기둥을 받치는 돌. 자연 상태의 돌을 그대로 쓰기도 하지만, 큰 집에서는 잘 다듬은 돌을 쓰기도 한다. 주춧돌은 겨울철 땅이 얼면 부풀어 올라오기 때문에 주춧돌 놓을 자리의 땅을 깊이 파고 그 속에 돌을 넣어 다진다.

처마 지붕의 도리 밖으로 내민 부분. 처마를 곡선으로 만들기 위해 서까래마다 길이와 각도를 다르게 건다.

추녀 지붕에서 네 귀로 길게 내뻗게 얹은 부속 목재. 추녀가 훤칠하게 내뻗고 서까래가 쭉 걸러서 생기는 곡선은 우리 한옥의 특징이다.

콩댐 장판을 오래 쓸 수 있도록 가공하는 방법. 콩을 물에 불려서 간 다음 들기름을 섞어 장판 위에다 여러 차례 발라 물기가 배어들지 않게 한다. 자주 걸레질을 하면 반들반들하게 윤이 난다.

패철 방향을 잡을 수 있는 나침반이다. 집터나 묘자리를 잡아 주는 풍수사들이 가지고 다닌다.

찾아보기

가
갈돌 8
건넌방 14
경상 43
고래 30 - 31
곱자 23
곳간 15, 39
공포 16
구들 30 - 31
굴뚝 30
궁궐 16 - 17
귀틀벽 44
그랭이 칼 23
그랭이질 23
근정전 17
기단 20
기둥 8, 11 - 13, 22 - 24
기와 12 - 13, 26 - 27
까뀌 22
끌 23

나
너와집 45
네모기둥 17

다
다락집 10
다림 보기 22 - 23
단청 16 - 17
달구 21
대공 12, 25
대들보 12
대목 20
대문 35
대청마루 14 - 15, 37
대패 22
댓돌 36 - 37
도끼 23

도리 9, 11 - 13, 24
돌담 34
돌담집 45
돌확 42
돼지우리 38
뒤주 37
뒷간 38
등 받침대 42
등잔 36 - 37
디딜방아 39

마
마당 35, 40 - 41
마루 31
마룻대 11, 13, 24
맞배지붕 17
먹 43
먹줄 22
문 31
문방구 43
문설주 31
민가 34 - 35
민흘림기둥 17

바
바닥 8, 30 - 31
반닫이 36 - 37
반빗간 41
방 36
방앗간 39
배흘림기둥 17
백항아리 37
벼루 43
벽 8, 30 - 31
벽장 36 - 37
보 11 - 13, 24
부속채 34, 38 - 39
부엌 15, 36 - 37

분산형 주거 44
빗살무늬 토기 9

사
사괘맞춤 13
사당 41
사대부의 집 40 - 41
사랑 마당 41
사랑방 14, 43
사랑채 41 - 43
산자 11, 28 - 29
살림채 36 - 37, 34
살창 36 - 37
삼층장 36 - 37
상량 24 - 25
서고 41
서까래 9, 11 - 12, 28
석지 43
석회 29
솟을대문 40
솟을지붕 17
솥 36 - 37
수막새 26 - 27
수키와 26 - 27

아
아궁이 30
안마당 40, 35
안방 15, 36 - 37
안채 40
암막새 26 - 27
암키와 26 - 27
연경당 41
연못 42 - 43
옥까뀌 22
온돌 30
외양간 14, 38
용마루 29

우데기 집 44 - 45
우물 15, 34
우진각지붕 17
움집 8 - 9
육모기둥 17
인방 24

자
자귀 22
장판 31
정자 41
정원 42 - 43
조와소 26
주심포 양식 16
주춧돌 13, 20 - 23
중문 40 - 41
지붕 8, 16 - 17, 28 - 29, 39
집들이 33
집중형 주거 44
쪽마루 14, 36 - 37

차
창 10, 31, 36 - 37
채마밭 35
처마 28
초가집 10 - 11
추 23
추녀 13, 24
책장 43

타
터 고르기 20
터 닦기 20
톱 22

파
팔모기둥 17
팔작지붕 17, 28
패철 18
필가 43
필산 43
필통 43

하
한옥 32
행랑 마당 40
행랑채 40 - 41
허청 23
헛간 39
화계 41
화덕 8
화로 36 - 37
횃대 36 - 37
흙담 34
흙벽 10 - 11, 30
흙손 31

전통과학시리즈

❶ **배무이** 나룻배에서 거북선까지 다양한 우리 전통 배들을 소개합니다.
❷ **집짓기** 온돌과 마루가 함께 있는 우리 한옥의 역사와 특징을 보여 줍니다.
❸ **옷감짜기** 삼베·비단·무명 등 우리 전통 옷감이 만들어지는 모든 과정을 담았습니다.
❹ **고기잡이** 원시 어구·낚시·그물 등을 이용한 전통 고기잡이 기술을 보여 줍니다.